사랑이 사는 집

사랑이 사는 집

정소현 시집

月刊文學 출판부

| 시인의 말 |

시인이라는 이름을 받고 시를 떠나본 적이 없었습니다.

2017년 6월에 5시집 『바람아, 그대에게로』를 출간했고, 같은 해 11월에는 작사한 가곡 〈바람아, 그대에게로〉, 〈친구에게〉, 〈눈의 백합화〉, 연가곡 〈나의 사랑 위로 : 7곡〉과 시낭송 등으로 구성하여 '정소현의 시와 가곡의 향연의 밤' 제1회 개인 음악회도 가졌지요. 가곡은 시디 앨범과 유튜브 동영상으로도 발표했습니다. 인생에서 몇 번 가져볼 수 없는 아름답고 소중한 추억을 남기며 그렇게 한해를 감사로 마무리했습니다.

2019년 선물 같은 새로운 한 해, 초에는 성지순례를 다녀왔고 그 후에는 그동안 쓴 시와 새로 쓴 시를 모아서 6집 『사랑이 사는 집』, 7집 신앙시집 『하나님의 사랑』을 동시에 출간하게 되었습니다. 또한 복음성가 〈하나님의 사랑〉도 유튜브 동영상으로 발표했습니다.

  감사와 기쁨의 바퀴가 신앙과 시에 대한 열정을 싣고 여행한 여행기를 시로 승화시켜 시집으로 발표하고 올 한해를 마무리할 수 있어서 기쁩니다.

  시를 좋아하는 마음 단 한 번도 이사한 적이 없었고, 열어둔 창문으로 만난 세상과 나눈 이야기를 시집으로 묶을 수 있어 감사합니다.

  또한 저의 시를 좋아하시고 기다리셨던 모든 분들과 기쁨을 함께 하고 싶습니다.

2020년 1월
혜양 정소현

차례

시인의 말　004

1

사랑이 사는 집　012
백년초　013
빗방울　014
빗소리의 설교　015
바람의 말　016
세상에는　017
소나무와 일출　018
아픈 매화나무　019
오늘은 외로운 섬이고 싶다　020
온도　021
장미 울타리의 고백　022
종이배　023
종이비행기　024
해송　025

2

고통의 다리를 건너　028
꽃밭에서　029
꽃샘추위　030
꽃이 떨어지다　031
꽃잔치　032
낙엽　033
달맞이꽃에게·1　034
달맞이꽃에게·2　035
마음 밭　036
벚꽃 편지　037
빗소리로 짐작한다　038
새순에게　039
선인장　040
설중화　041
소나무의 사랑꽃·2　042
오월은 사랑 중이다　043
채송화　044

3

그대 힘이 드는 날엔 046
그릇 047
널 만나면 048
네게 가고 있는 중이야 049
네게로 간 날 050
눈이 웃었다 051
말·1 052
말·2 053
명화 한 폭 배경으로 살자 054
빛의 아름다운 사기극 055
사랑은 056
새끼의 사모곡 057
소나무 058
아카시아 향기 부르던 날 059
연의 이야기·1 060
연의 이야기·2 061
연의 이야기·3 062
태풍아, 멈추어라 063
풍경 064

4

갱년기 066
길 067
도시의 봄·1 068
도시의 봄·2 069
도시의 봄·3 070
몸살 071
벌레 072
봄꽃에게 073
빗방울과 마른 가지 074
생일을 맞이하여 075
어머니 076
오십견 077
잿빛 세상 078
종이 허수아비 079
초여름 날의 밤비 080
함께 사는 세상 081
황태 082

5

3·1절 100주년을 맞아 084
가벼움에 대하여 086
고독 087
광복절 088
그의 나라는 090
나무의 그늘 091
돌의 이야기·1 082
돌의 이야기·2 093
신호등 094
이 봄엔 095
조금만 기다려 주어요 096
초심 097
하루 098
흐르지 않는 강물 099

| 작품해설 |

순간의 기억과 근원에의 의지를 결속한
사랑의 마음·유성호 100

1

사랑이 사는 집

사랑은, 가장 낮은 곳에 산다
그 빛은
죽음에서 싹을 키우고 꽃을 피워내고
어둠을 허물어 짓고, 높이며, 세운다

돌처럼 굳어진 슬픔도
그의 부드러움 안에서 허물어지고
금이 간 아픔도
그의 기다림 안에서 새살이 돋고
긴 세월 언 고통의 줄기도
그의 따뜻함 안에서 끝이 난다

바람에 흔들리던 헛된 욕망도
그의 손에 이끌리어
결국엔 그가 있는 쪽으로 내려앉는다

굽혀서 낮아지는 사람에게만
살빛을 허락하는
지상에서 하나 뿐인 열쇠이다.

백년초

너를 피웠다
생애 모든 격정 속에서도
나의 꽃 너를 피웠다

세월의 푸른 상처
딱지 위에 또 딱지를 만들었지만
내 옆에서 넌 웃고 있다

마디마디 걸음마다
곡예의 돌층계
그 끝에서
넌 아직도 웃고 있다

가시의 하늘에서
곱기도 하여라
나의 새벽 별.

빗방울

빗방울이 전깃줄에 앉아있다
바람 한 줌 불어와
톡, 치면 깜짝 놀라 날아가겠지

그래도 세상 틈에 섞여 살기 위해
눈을 부릅뜨고 위험한 전깃줄에 앉아있다

어디에서 불어올지도 모르는 바람에
흔적도 없이 날아갈 것을 생각하면

거꾸로 매달려 있을지라도
오래 있다는 것만으로도
찰랑찰랑 대롱대롱하다

아주 가끔 이쪽에서 도미솔 하면
저쪽에서 솔시레 하며 서로를 응원한다

지금은 위험한 전깃줄에 있고
빗방울이다
내일은 강물이 되리라.

빗소리의 설교

봄비 내리는 저녁
빗소리의 설교를 듣는다
뿔처럼 나 있던 미움도
먼지처럼 날아다니던 원망도 지우고 있다
들풀처럼 돋아 어지럽던 마음도
횃불처럼 타오르던 욕망도 비우고 있다

내 마음 흠뻑 적신 사랑,
이제 비로소
누구 한 사람을 사랑할 수 있으리라
울고 있는 그에게로 가서 눈물이 된다
어두운 마음 창가를 찾아가 달빛처럼 연다
혼자 부르는 노래에 스며들어 하모니를 이룬다

봄비,
봄비 내리는 저녁에는
비로소 한 사람을 사랑하게 된다.

바람의 말

바람이 내게 말한다
굽어지라고
굽은 나무가
아름답다고 하네

바람이 내게 말한다
바람에 흔들릴 때
나뭇잎은 반짝거린다고

바람이 내게 말한다
불어오는 바람에
나무는 얼마나 힘을 주고 서 있었는지
뿌리를 보면 알 수 있다고

그 뿌리가 삶의 원천이었음을
파도 같은 나이테를
보면 안다고 하였네.

세상에는

이름 없는
인생이 어디 있으랴
이름이 있다는 것,
그 삶의 여정은

꽃도 순산의 고통을 겪으며 피어나고
나무도 비바람 속에서 키를 키우고
뿌리 또한 물을 얻기 위해
어두운 땅속에서 발톱이 휘어지도록
찾아다녀 그 사랑으로 근본이 되고
구름도 땅으로 추락하는 고통을 겪은 뒤
생명들의 원천이 된다

우리 모두
그렇게 잘 살고 있다.

소나무와 일출

푸르게 산다는 것,
홀로 걷던 소나무
아침해 그 황홀한 유혹에도 흔들림이 없었다
소나무는 절벽에서 뛰어내리지도 않았다
바위를 떡으로 만들지도 않았다
빛의 세상을 갖지도 않았다
결국, 저녁 해가 눈시울 붉히며
소나무 사이로 빠져나갔다
바람 같은 세상
흔들리지 않는 삶이 있으랴,
바람이 비틀거리며 다가왔을 때
소나무는 바람을 안고 함께 흔들렸다
바람이 윙윙 서러워 울 때
소나무도 어깨를 들썩이며 함께 울었다
먼저 가 길이 되어 준 소나무,
그는 언제나 푸른 사랑을 팔지 않았다.

아픈 매화나무

바람을 마주 하고 뿌리내리고 사는 삶
너라도 흔들리지 않은 날이 있었을까
"괜찮아, 이쯤이야." 하며 죽음을 살았구나

푸른 꿈을 주던 너
겨울 영혼을 깨우고 우주를 주던 너
별꽃 총총히 외로운 웃음을 주던 너

그런 널, 그런 네게
어느 세상이 돌을 던졌을까
어느 세상이 화살을 쏘았을까

뼛속까지 훤히 다 보이는 상처가
온몸 가득 불처럼 타올랐구나
미안해라,
너의 사랑, 너의 오른쪽 뺨,

하얀 상처 위에
꽃진주 몇 송이 웃고 있구나
부끄러운 용서구나.

오늘은 외로운 섬이고 싶다

비가 내렸다
님이 오시는 길
길마중 나가느라 잠도 설쳤다
하얗게 불탄 마음
이런 날은 세상이 멈추었음 싶다
어떤 인생이 이토록 시원했던가,
어떤 사랑이 이토록 달콤했던가,
어떤 님이 내 발걸음을
꼼짝 못하도록 묶을 수 있었던가,
이보다 이쁜님이 없어
진종일 바라보았네
이보다 향기로운 소리가 없어
진종일 소라처럼 귀를 열어두었네

오늘은
나의 님 외에는 접근금지다

오늘은 외로운 섬이고 싶다
딱 하루만, 진종일 외로운 섬이고 싶다.

온도

따뜻한 정도가 좋다
뜨겁다는 것은 위험하다
뜨겁다는 것은 델 수 있다는 것이다

따뜻한 손이 시린 손을 잡아주는 것
봄볕이 아니겠는가
따뜻한 말이 어두운 낯빛에 다가서는 것
환한 등불이 아니겠는가
따뜻한 마음이 영혼을 어루만지며 꿰매어주는 것
정다운 풍경이 아니겠는가
따뜻한 용서가
사랑을 품고 산고의 고통을 겪는다는 것
다시 태어나는 축복이 아니겠는가
따뜻한 시선이
흙바람 길에서도 바라본다는 것
앞으로 달려가는 출발이 아니겠는가

이 얼마나 따뜻한가,
그저, 따뜻한 정도가 좋다.

장미 울타리의 고백

겨울이 두 번이나 다녀갔던 그 해
문이라는 문을 다 닫고 어둠에 갇혀 있었지요
나는 죽은 봄을 기다리지 않았고
나에게 오월은 꿈도 아니었습니다
나의 선물 장미여, 길고 어둡던 터널을
당신이 사랑 하나로 열어주었지요
감긴 눈은 당신의 향기가 깨웠고
닫힌 귀는 당신의 젖은 목소리가
내 이름을 불러 열었어요
온 세상이 푸르게 익어갈 때
나는 침묵했고
당신은 붉디붉은 서러움으로 익어갔어요
나 이제 알았어요
속으로 삼킨 가시가 꽃으로 피었다는 것을,
당신의 탐스런 모습이 나를 위해
흘린 눈물이었다는 것을,
그 눈물,
얼마나 많은 것을 포기했던 것이었을까요
이제 당신은
수많은 꽃 중에 나의 사랑입니다.

종이배

젖지 않고 이 강을 건널 수 있으랴,
네게 간다는 것은 강을 건너는 것이다
네게 간다는 것은 배의 모든 부분이
해지고 젖는 것이다

하지만 광풍을 헤치고 네게 가는 중이다
그것은 오히려 작고 기쁨이다

네게 갈 수 있는 날은
비가 내려도 젖지 않는다
네게 갈 수 있는 날은
길 없는 혹한도 봄날이다

이제 얼마 남지 않았구나,
이 강을 건너고
햇빛 같은 네 앞에서
너의 기다림 앞에서
너를 위해 눈물을 벗을 것이다.

종이비행기

날아도, 날아도 제자리,
날아도, 날아도 날 수 없는 지금
꿈이었던가,
꿈이란 말인가,

나는
종이비행기

산 위에 올라 목 놓아 침묵하는
나는 종이비행기

빛과 세상
네게 다 주고 싶었다
네게 다 보여주고 싶었다

꿈은 죽지 않으리라

네게 주고 말 것이야,
그 꿈.

해송

해송이 바다와 풍경이 되기 위해
모래바람에도 춤을 멈추지 않았다
소금파도에도 푸름을 벗지 않았다
짠 물방울을 먹으면서도 꿈을 포기하지 않았다
태양 아래에서도 껍질을 고쳐 입고
두 갈래의 한마음, 솔잎을 키웠다
멀고도 먼 길,
굽어 돌아간다 해도 그곳에 도착하리라
낮추고 마음을 내어준다
바다 쪽으로
바다를 바라보며 굽을 줄 아는 사랑,
긴 기다림,
굽어서 더 아름다운 눈물,
모래사장을 바라보며 모래알처럼
수평선을 바라보며 수평선처럼
그리움을 키우는 것 외롭지 않았다
어느 비 내리는 날
해송은 바다와 바람 소리와
길손의 가장 고독한 풍경이 되었다.

2

고통의 다리를 건너

아브라함, 이삭, 야곱이
고통 가운데 피어났듯이
저기 환하게 웃고 있는 저 꽃들도
매서운 겨울을 지나고
피할 길 주시어 꽃으로 피어났다

웅크리고 있는 동안은 고통이다
그 다리를 건너면 하하하 허허허 꽃이 핀다
나훌나훌 걸어간 노래를 들어 보아라
모두가 소리 없는 절규의 깃발인 것을

고통 없는 삶이 어디 있으랴,
쓴 고통이 꿀을 내어주는 한 송이 꽃인 것을
송이송이 꽃들아, 천둥에도 별을 꾸었구나
비바람에도 향기를 버리지 않았구나

하롱하롱 꽃비들아,
그곳이 어디라도 아름답구나
네가 선 자리가 꽃자리구나.

꽃밭에서

다른 꽃들이 모여
꽃밭이 되고

꽃밭은
풍경이 되고
멀리서도 향기로운 것은

슬픔까지도
말없이 나누는 중이기 때문이다.

꽃샘추위

봄이
도미파솔미 피었다

사람들도
도미레파솔 피었다

쉼표가 그 옆에 앉았다.

꽃이 떨어지다

입으로 다 할 수 없는 말,
꽃이 태양이 두려워 숨을 죽이다가
꽃이 고개를 숙이지 못하다가
가는 목줄기 선 채로 꽃잎 뚝뚝 떨어졌다
벌레가 그 가는 목줄기를 파고들었다
조금씩 표도 없이 갉아먹어 갔다
하늘 향한 꽃이 더 이상은 버티기가
태산 같아 낭떠러지로 추락했다
어둠은 꽃을 불렀고,
마지막으로 끌려 도착한 그곳,
지나가는 꽃들이 돌을 던지는 대신
저마다의 향기를 꺼내어
저기 높은 곳까지 다리를 놓았다
그 다리 위로 건너오는
사랑 하나,
세상에 단 하나뿐인 사랑이 내려와
어둠 속에서 꽃을 건져 올린다.

꽃잔치

꽃잔치가 열렸다
천국잔치가 열렸다

일 년에 한 번
지상으로 내려오는 천국

일 년에 한 번
알알이 알알이 터지는 천국의 맛

천국 문이 열렸다
모두 모두 모여라

비바람이 문을 닫기 전에
별들아, 새들아, 나비야
천국을 맛보자.

낙엽

떨어졌다,
낙엽이란 이름을 받았다
늦가을 낙엽을 보라
우수수 꽃잎이 낙하했구나
아낌없이 청춘을 불태운 흔적
바람에 휘날려도
비를 맞아도
눈이 내려도
쓸쓸히 아름답구나

떨어진다는 것은
낙엽이 된다는 것은
또 하나의 사랑,

달맞이꽃에게 · 1

댐 아래 떨어지는 물의 마음과
그 물이 바다를 향해 달려가는
눈빛도 아니었음을
미안하다
하늘 귀를 통과하려던
너의 바람이 아니었음을
미안하다
네게 칠흑 어둠뿐이었음을
이제 보았구나
어둠 한 귀퉁이에서라도
너는 피고 싶었다
어둠 한가운데서라도
너는 피고 싶었다
마지막 모든 실핏줄을 모아 핀
바람 앞에 작은 촛불 같은 사랑,
쓰러져가는 기다림, 지울 수 없는 그리움,
시리고 고운 네게
멀어져 가는 너를 위해
달님은 손을 꼭 잡았구나.

달맞이꽃에게 · 2

아파하지 마세요
그대 가슴에 아직도 달빛 사랑을 가졌으니
그대는 달님입니다

시커먼 가슴앓이를 하다가도
동이 트기 전에 묻어버리지만
어둠 속 달려오는 아침해처럼
그대는 해님입니다.

슬퍼하지 마세요
귀퉁이나 모서리에 숨지 마세요

어둠 끝에 서 있는 슬픈 그대가 아름다워
땅 위의 그림자까지도 쓸쓸히 아름다워

별은 작은 사랑
살며서 놓고 갑니다.

마음 밭

생각은
마음의 정원에서
피는 꽃이다

언어는
생각의 정원에서
피는 꽃이다

꽃의 씨앗은
마음 밭으로 다시 떨어진다.

벚꽃 편지

우리를 부르는 소리
벚꽃 편지 봄바람에 날아왔다

잿빛 마을에
벚꽃 편지가 피었다

우리를 부르는 노래
저 황홀함,

추위에 떨던 삶에
세상 몸살을 앓던 이에게
따뜻한 초유를 수유하는 것.

빗소리로 짐작한다

꽃은
헤아릴 수 없는
세상을 용서하고

꽃잎으로 선한 역사를
이 끝에서
저 끝까지
헤아릴 수 없도록 쓰지 않았을까,

이 비 그치면
모두가 봄꽃 세상

너와 나, 우리 모두
그저 꽃 세상이 되겠지.

새순에게

우주를 깨고 나온
저 사랑스러운 아가들을 보라

연둣빛 얼굴
지금 막 어미의 자궁을 빠져나온
솜털 보송보송 해맑은 아가들을 보라

어미 개가 새끼가 사랑스러워
앙앙 앙앙앙 물며 품 안에서
모든 해로운 것들로부터 지켜주듯이

앙앙 앙앙앙 너의 볼 비비고 싶구나,
널 모든 해로운 것들로부터
지켜주는 아비이고 싶구나

네게, 해가 종일 비추리라
무럭무럭 자라서 태양의 중심이 되거라.

선인장

가시는
꽃을 피우기 위해
태양 아래에서
묵묵히 견뎌 내는 일

그리고 어둠을 살아가야 하는
방향과 이유,

전쟁 같은 가시 속에서도
꽃은 핀다,

꽃은 핀다.

설중화

지난해 뚝뚝 떨어진 꽃물
고이고이 아꼈다가
곱게 곱게 아주 곱게
수를 놓듯 화장을 하고

가녀린 허리 속살
수줍은 분홍 미소 머금고
하얀 눈 치마 반쯤 에두르고
기다리는 마음 더 이상은 참을 수 없어

제일 먼저 달려와
봄바람 앞에 앉아있네
곱구나.

소나무의 사랑꽃 · 2

천 년을 사랑했다

사랑,
내 안에 늘 살아있어
물고기가 물을 떠나 살 수 없듯이

나도 사랑을 떠나 살 수 없어
사랑가에서 살았다
꽃이 피었다

꽃은 말한다
눈물의 흔적들은 향기롭다고
하늘 닮은 푸른 향기,

그 사랑
바라만 봐도 고결해진다.

오월은 사랑 중이다

겨울부터 눈빛이 수상했었지
봄과 손을 잡을 때도 설마 했었지

오월의 모습을 보라,
저 달빛 같은 모습
세상을 다 가진듯한 여왕의 모습
눈빛이 살아있는 정열적인 모습
사랑에 빠진 것이 분명해,

윤기 좔좔 흐르는 푸른 살결
향긋하고 도톰한 꽃잎 입술
숨기려고 해도 숨길 수 없는
설렘과 환희로 피어나는 관능미

거리에서도, 들녘에서도
햇살 아래 오월은 사랑에 빠져있네

사랑하지 않으면 가질 수 없는 저 빛,
오월은 사랑 중이다.

채송화

채송화야 예쁘구나,
꺾어도 다시 살아나는,
던져두어도 다시 피어나는,
그런 네가 예뻐서 온종일 아프다

하늘도 무릎을 꿇고
네 눈을 보고, 입맞춤을 하지 않았느냐,
서러워 말라,

나무의 꽃이 네게 눈을 맞추고
키를 맞추지 않는다 해도
보지도 않고, 듣지도 않고
그냥 지나쳐간다 해도 서러워 말라,

뒤뜰에서도 돌무더기 틈 사이에서도
들불처럼 손을 잡고 불꽃을 피우자,
세상에 꽃밭을 만들자, 우리.

3

그대 힘이 드는 날엔

그대 힘이 드는 날엔
꾹꾹 참지 말고 힘들다고 말해요

은유로 돌려 말하지 말고
상징으로도 무표정하지 말고
눈물 흘리며 우세요

귀 기울일게요
그 울음소리에 집중할게요

다 그런거야!
당연한 일로 넘기지 않을게요

숨은 슬픔에 동행하며
손을 잡을게요
그대 힘이 드는 날엔.

그릇

세상을 담을 그릇은 마음이다
그 그릇은 어디에도 없다

지독한 아픔에 몸부림치는 날
폭풍까지 불어와 머무를 곳도 없는 날,
설움 삼키며 방황할 때
그릇이 없다는 것이 더 큰 설움으로
혼자 속울음 삼키는 날
한마디의 말을 들어준다면 그릇이 된다네

마음들아
종지는 되지 말자, 접시도 되지 말자
그곳에 사랑을, 우정을 담을 수는 없잖아
우물 정도는 되자

눈물과 외로움이
용기 내어 가만히 다가와 멈출 때
같은 마음으로 웃으며 손을 잡아주면 된다
그것이면 된다.

널 만나면

소나무의 하루를 얻기 위하여
널 만나러 달려간다.
넌 언제나 그 자리에 있는 사랑이었지
내 팔로 천 년을 안아도 잴 수 없는

젖은 내 영혼이 널 만나면
보송보송한 하얀 날개가 된다
내 시린 발이, 뭉친 근육이
널 만나면 따뜻하고 부드러워져
내 몸의 붉은 피들이 합창을 한다

넌 언제나
하늘의 언어로 내 심장에 쏘아주네
쿵닥쿵닥 설레고 뛰는 마음 발끝까지 간다네

널 만나면
내 마음에 푸른 태양이 뜨고
오늘 하루도 소나무가 된다.

네게 가고 있는 중이야

너만 보여,
너만 보고 달려가는 거야
마라톤 결승 라인 끝에
웃음 깃발 흔드는 네게로,

작은 언덕길에서도 중심을 잡을게,
숨이 턱밑까지 차올라도
호흡 조절하며 달려갈게,
내 모습 빨갛게, 파랗게 이그러져도
너만 보고 갈게,

더는 한 발자국도 내딛기 힘들어
주저앉고 싶을 때에도 너만 생각 하며 갈게

조금 늦을지라도 달려갈거야
네게 가고 있는 중이야
그 끝에 너와 내가 만날 때
그 이름, 사랑이라 부르자.

네게로 간 날

꿈호를 탔을까,
날개를 달았을까,
어떻게 내가 네게로 갔을까

넌 오염되지 않은 호수였다
내 모습을 네게 비추어보았다
내 얼룩만큼 나를 더욱 또렷하게 보이는
거울이었어

흠칫, 놀라며
너의 모습을 현미경처럼 들여다보았다

긴 세월 바람에도 꽃을 피웠고
들풀과 도란도란 친구 되었고
눈물을 나누며 젖은 사랑을 하였고
새벽 별의 노래를 목이 휘어지도록 올려다
보았다는 것을 알았다

푸른 너를 닮고 싶다
나 그렇게 해도 되겠지.

눈이 웃었다

산중
녹지 않은 눈을 만나러 갔다
눈은 앙상한 외로움에 떨고 있었다

마음 하나 꺼내어
눈물로 불을 붙이니
눈이 촛불처럼 서 있었다

다음 날에도 눈 덮인 산을 지나갔다
미동도 없는 눈의 차가운 이마에
오늘은 미열이 조금 있었다

바람 한 점 다녀가지 않은
고독한 산 속
햇볕 같은 마음을 심고 돌아왔다

다음 날에도 눈 쌓인 그곳을 또 지나갔다
오늘은 눈이 녹아서 빙그레 웃고 있었다.

말·1

말은 유리 그릇이다
잘못 다루어 깨어지면
조각난 유리는
피를 낼 뿐 아니라
속 깊이 박혀 염증을 일으킨다.

말 · 2

말은 거울이다

그 속에

내가 보인다.

명화 한 폭 배경으로 살자

인생은 명화다
삶은 노동하는 명화다
우리가 근경이 될 때
또 다른 우리가 원경이 될 때
밀레의 만종처럼
멀리서 들려오는 하얀 종소리가 아닌가
우리가 전경이 되고
또 다른 우리가 배경이 될 때
밀레의 정오의 휴식처럼
사르르르 달달한 풍경이 아닌가
우린 주인공이다
혼불을 밝혀 발 빠르게 살잖아,
멀리서 보면 얼마나 여유로운 풍경이냐,
이제 지나가는 부드러운 바람이거나,
흘러가는 구름이거나,
낮은 곳을 흐르는 강물이거나,
저녁 하늘을 물들이는 석양이거나,

우리,
명화 한 폭 배경으로 살자.

빛의 아름다운 사기극

빛은 우주에 흐르는
자율신경이다
그가 닿는 말초까지
모두 아름다운 사기극이다

가장 순결해지는 새벽
사기꾼의 호흡을
카메라에 담지 않으면
증명할 길이 없다

아름다운 고발,
렌즈 앞에서
보이는 그의 알몸,
가장 요염한 알몸,

모두 숨이 죽었다.
그 앞에서.

사랑은

설렘의 꽃강을 지나
여름 한철 그 지독한 태풍 앓이를 끝내고
결국 가을 햇살 아래
알알이 붉게 익어가는 것이다

다시 한 계절이 찾아와
모든 것을 내려놓을 때가 되어도
모든 것을 내려놓아
우수수 허허롭고
앙상한 추억으로만 서 있을지라도

붉게붉게 익었던 그 날들을 추억하며
함박눈을 맞고
진눈깨비에 젖으며
겨울바람에 이리저리 흔들릴지라도

그날들,
영원하지 않았기 때문에
얼마나 더 아름답느냐, 사랑은.

새끼의 사모곡

어미 새 한 마리
새끼 입에 넘어갈 오동통한 꿀 같은 살점을 위해
어느 광야를 날갯죽지가 부러지도록 날았을까,
어느 물속을 머리가 젖은 솜이 되도록 헤매었을까,
어느 진흙탕 갯벌에서 부리가 휘어지도록 걸었을까,

별 중에 별을 고르고
별 중에 별을 잃어버리고
다시 별 중에 금방 뜬 새벽별 하나를 따 물고서
발등이 갈라지도록 파도를 날아서
나무에 펄럭이는 새끼에게로 날아간다

저 거룩한 성전,
새끼가 어미 새 부리의 제단에서
갓 피어나 따끈한 새벽별을 받아 먹는다

어미 새를 위한 새끼의 말없는 사모곡
노오란 똥 한 무더기 싸고 웃는 것,
똥 싸고, 새근새근, 볼록볼록 웃는 것.

소나무

영원한 푸른 바다인 줄 알았었는데
산길을 날 때
달님 미소를 보내주었었는데
솔잎 하나에도 모두가 사랑이었었는데

강풍에 휘청거리다가
뿌리가 밖으로 튀어나왔다
여기저기 바람의 흔적들
메마른 눈빛, 뒤틀어진 가지,
부스스하고 거칠어진 잎들,
그 입으로 쏟아낸 검은 절망들,

이 꺼져가는 풍경을 연인처럼 껴안고
새벽이슬이 방울방울 입맞춤을 했다
아침 새들이 찾아와 파고들고 깃들어
새 노래로 뿌리를 덮었다

그 죽음 같은 밤이 빠져나가고
소나무는, 새벽빛 소리로 일어났다.

아카시아 향기 부르던 날

하루가 들꽃 같던 날
쨍그랑 반짝반짝 설렘도 없던 날
아카시아 향이 말달리듯 달려왔다
눈웃음 나폴거리며
빈 한 내 마음 훔치러 왔다

도둑의 걸음으로 다가와
숲으로 데려갈 때
내 마음도 콩닥콩닥 파랬다
우린 바람의 말을 빌려
밀어를 나누며 반짝거렸다

언제나 시들지 않는
바보스런 향기
그 안에서 올해도 완패하고 말았다
황홀한 죽음
혼절이 어느 때쯤 깨어날까,

연의 이야기 · 1

나에게는 연줄이 있다

줄은
불에도 녹지 않고
그 무엇으로도 끊어지지 않는다

그 줄이
언제나 팽팽하게 당기고 있다

느슨해지려고 하면
다시 팽팽하게 당긴다

그 당김의 자유 안에서
하늘을 난다.

연의 이야기 · 2

숨을 쉴 수조차 없었다
하늘 높이 더 높이 올라가는
달콤한 맛에 빠져있었다

허공을 날던 새가
그곳에 쉼표를 그려 놓았네

걸렸다

그곳은 인생의 간이역이었다.

연의 이야기·3

바람,

어느 날은
나를 몰아세워
낭떠러지로 내팽개치기도 하지만

어느 날은
내가 이뻐 하늘 높이
무등을 태워주기도 한다

그런 날은
그 사랑 알 수가 없어
멀미도 하고
감기도 걸린다

그래도 바람이 있어
오늘 내가 있다.

태풍아, 멈추어라

새들에게는 허공이 나라이다
허공이 젖고 있다
허공이 태풍에 흔들리고 있다
먹이들도 비에 젖고
그 먹이의 꿈도 찢어지고 있다

어디로 가야 하나,
어디로 가서 먹이를 찾아야 하나,
오늘은 또 어디에서 한쪽 다리를 세우고
반눈을 뜨고 자야하나,

서로 손을 잡고 노래를 부르지만
날개가 꺾어지고 있다
다시 깃을 세워라, 하늘이 준 깃을 세워라,
날갯죽지가 아프도록 날자

푸른 독수리야 비상을 하자,
푸른 독수리야, 새 날개로 비상을 하자.

풍경

고목도
바위도
키 작은 들풀도
장미도
세모인 나도
동그라미인 너도
함께하면 우리가 되고
함께하면 풍경이 된다.

4

갱년기

내려간다는 것은
시퍼런 강을 건너는 것이구나

부서진 나무를 잡고
흐르는 것이구나

누가 뒤를 쫓고 있나
땀이 강물이 되구나

갑자기 태양을 삼키기라도 했던가
가슴에 불이 뜨겁구나

밤도 없이 낮도 없이
부스스한 나무 한 조각을 잡고
떠내려가구나.

길

길을 낸다는 것은
길이 된다는 것은
기러기 떼를 이끌고 날아가는
대장 기러기가 되는 것이다

고단한 날개,
먹이와 따뜻한 땅을 향해 나아갈 때
뒤에서 따르던 기러기 떼가
정다운 울음으로 날갯짓 하는 것이다

머나먼 길 동행에서 이탈하는 약자를 위하여
아픔과 고통을 함께 하는 것이다

선두가 지칠 때
무리 중 어느 기러기가 그 자리를
같은 마음으로 이끌어 간다는 것이다

길은 돌아오는 것도 돌아가는 것도
이끎과 밀어줌이 있을 때
허공조차도 길이 되는 것이다.

도시의 봄·1

고독한 자들을 위하여
봄이 홍수처럼 밀려왔다

밤에 속한 그들을 위해
노오란, 연둣빛이 출렁인다

사람들이 봄볕으로 나가
속살을 꺼내 놓고
볕을 쬔다

따끔따끔 붉은 상처가 아물어 갔다.

도시의 봄 · 2

개나리꽃들이
놀이터
벤취 옆까지 아장아장 걸어왔다
죽음 같던 골목이 살아 꿈틀거린다
겨우내 아기 소리도 없던 놀이터에
노오란 병아리 아기 소리가
지지배배 들린다
희미한 잿빛 허공도 줄행랑을 치고
비로소 봄을
만져보는 어른들.

도시의 봄·3

봄비가 내린다
잿빛 매캐함을 거두어 가려나 보다

오, 구원자여!

거무스름한 나무와 꽃,

검은 공기를 입은
사람들과 거리,

그리고 찌든 영혼까지도
흠뻑 내려 주려무나.

몸살

어느새 그 소식이
그곳까지 올라갔을까,

햇살이 소리도 없이 창문으로 들어와
꼬리를 살래살래 흔들며 애교를 부린다
주인님, 그만 일어나세요!
이불을 당겨 버린다

사랑스럽지만 뿌리치며
이쪽으로 돌아누우면 이쪽에서
저쪽으로 돌아누우면 저쪽에서
요리조리 입맞춤을 한다

사랑스러운 애교도 어째 쓰다
부드러운 입맞춤도 어째 쓰다

그러나 빛이 놓고 간
영혼의 선물을 헤아리며 창문을 열었다.

벌레

야금야금 갉아먹으며 오고 있다
그렇게 많이 물었던 흔적,
그렇게 많았던 상처, 아직도 선명한데
지금도 야금야금 갉아먹고 있다
숲에 염증이 퍼지고 있다

중독이 된 만성염증,
숲들아 돌아보라,
위에서 아래로 돌아보라,
저 작은 악동이 통째로
무너뜨리려고 하고 있다
껍데기로 넋 놓고 있다가는
파도처럼 밀려오는 회오리바람에 쓰러진다

숲의 나라
가지들아, 잎들아 모두
펄럭펄럭 휘날리자
바람 불어도 푸르게, 우뚝
다시, 다시 숲으로 일어나자.

봄꽃에게

난 너를 기쁨이라 부를거야
겨울 동안 어디서 어떻게 살다가
말로 표현 할 수 없는 표정으로
내 곁에서 기쁨을 주고 있니,
그 전쟁 같던 풀덤불을 헤치고 나와
마치 아무런 일도 없었던 것처럼
선하고 환한 모습으로 웃고 있구나.
고마워라
아침에는 하늘이 호수 같지 않다고
낮에는 수정 같은 공기가 없다고
밤에는 꽃별이 보이지 않는다고
암흑의 터널에 방관자로 앉아있기만 했구나
이제 널 만났으니
나도 너와 같은 꽃을 피우고 싶구나,
그 누군가가 험한 길 걸을 때
먼저 다가가서 꽃이고 싶구나.

빗방울과 마른 가지

후드득 후드득 누군가의 발자국 소리
비는
마른 나뭇가지에게로 달려갔다
포옹과 입맞춤으로
사랑을 주었다
마른 가지가 눈을 떴다
싹이 돋았다
싹은 꽃을 만들어 갔다
꽃봉오리가 열리던 날
비의 씨앗이 살고 있었음을 보았다

귀중한 것은 눈에 보이지 않는다
사랑은,
보이지 않는 것을 보는 것이다.

생일을 맞이하여

육체의 부모가 날 낳으시고
고기 없는 미역국 드시고도
금처럼 옥처럼 기르셨고
하늘 아버지가 날 낳으시고
영원한 생명 젖 물리시고
너는 내 것이라
금처럼 옥처럼 기르셨다
그 사랑으로
온 세상이 꽃밭이며
온 세상이 꽃향기다
노을빛만큼 아름다워라,
아침해만큼 빛이어라,
산들바람만큼 감미로와라,
눈물처럼 빛나는 내 존재의 흔적들
이름을 불러본다
여기도 감사, 저기도 감사,
다시 한번 돌아본다
내 어버이의 사랑을, 하늘 아버지의 사랑을.

어머니

겨울 강 같았던
어머니의 일생을 기억합니다
봄이 오면 당신과의 추억이 봄꽃을 피웁니다
내 마음 하얀 보자기에 묶어두었던 기억이
서럽도록 눈부신 봄꽃을 피웁니다
그럴때면 어머니의 젖내음 자장가도 들리고
길이를 잴 수 없는 사랑이 봄꽃을 피웁니다
아, 당신은 이렇게 향기로우셨습니다
세상의 봄꽃 향기가 당신이셨습니다
이 고운 세상, 이 아름다운 꽃길을
당신과 꼭 한번 걷고 싶었습니다
숨겨둔 그리움으로
나직히 어머니! 하고 불러봅니다
당신을 불러 봅니다
끝없이 불러보는데 메아리 되어 돌아옵니다
아직도 아름다운 것에는 서러움도 있어
나는 어찌할 수 없어 어깨를 들썩이며
눈물꽃을 피웁니다
시들지 않는 사랑, 어머니.

오십견

그가 찾아왔다
그의 비위를 맞추며
지나온 시간도 꽤 되건만
넌 이기적이야

결정적일 때 마다
날 거절하는 이유가 뭐니,
아무도 없는데
네가 도와주지 않으면 못하는데
그렇게 고집을 부리는 이유가 뭐니,

포기하고 끙끙 혼자하면
너도 미안하긴 하나 봐
날 도우려 애쓰지
그래, 됐어 네 성의만 받을게

이젠 잠을 잘 때에도
가시처럼 박히는
너와의 애증이 깊어가구나

자상하고 부드럽던 널 그리며.

잿빛 세상

온 거리가 잿빛이다
공으로 마시는 공기가 더 이상은
공으로 먹을 수 있는 세대가 아니다
밤이면 떨어질 것 같은 꽃별들,
바라만 보아도 풍덩 빠지고 싶던 하늘 강,
어디로 갔을까,
마치 그림 속의 그림 같은 신풍경이 도래했다
아이도 어른도 나무들도 얼굴을 가려서
누구일까, 자세히 보아야 알 수 있다
아, 우리가 얼마나 지구에게 잘못하고 있는가,
잿빛은 지구의 마음이다
병든 지구의 우울한 심정이다
그의 아픔을 외면한 채
우리가 스스로 판 무덤, 이제는 돌이켜야 한다
이제는 돌아가야 한다
지금 반성의 신을 신고 돌아가지 않으면
천국은 더 이상 지옥인 우리를 받아주지 않는다
파라다이스를 춤추는 우리,
하늘이 허락해준 영원한 양식이 떨어졌다
다시, 돌아가 새 농토를 일구어야 한다.

종이 허수아비

비에 젖구나,
찢어졌구나,
허수아비가 꿈이랬지
채색된 옷을 입고
새들을 불러 잘 익어 달콤한 것을
입속에 넣어주고 싶었지
들녘에서 광대춤을 펄럭펄럭 추고 싶었지
꿈이 젖어 흩어지고 있구나
널 씌워줄 종이우산도 없구나
비바람을 막아줄 언덕도 없구나
종이 허수아비의 꿈이,
허수아비가 되는 꿈이,
바람에 나부낀다
바람에 흩어진다
바람이 되었구나.

초여름 날의 밤비

지금 그가 걸어오고 있다
발걸음 소리가
꽃밭에서 들려오던 오카리나 소리 같다
오늘도 부르는 세레나데,
나는 달콤함에 젖어
밤새 바람처럼 이리저리 뒤척였다
그 목소리에 젖어
내 몸이 완전히 그쪽으로 기울었다
밤은 끝이 없고
새벽은 아직 저 멀리에 있어 꿀이 떨어졌다
눈은 감았지만 잠속에 있지 않는 이 시간
꽃잎은 젖고 또 젖고 있다
아기를 재우듯 재워놓고 떠날
바람의 아침은 생각하고 싶지 않다
그렇지만, 이 비 그쳐도
그리움은 토실토실 파랗게 영글어 가겠지.

함께 사는 세상

우리는 각자
마음의 다리를 놓고 산다
이곳에서 그가 있는 그곳까지
마음의 다리를 놓고 산다

그가 저쪽 끝에서
번쩍 빛을 보여준 것은
나의 다리로 건너오겠다는 신호이다

사랑아, 무더기로 핀 들꽃이 되자
배려야, 쉽게 피고 또 피는 나뭇잎이 되자
이해가 향기롭듯이 그렇게 우리 꽃길을 넓히자

그러면 저쪽 끝의 그대가
넘어지지 않고, 다치지 않고, 아프지 않고
어깨 한 번 으쓱 올리고 기쁨으로 걸어올 거야,

그러면 저쪽 끝의 그대가
행복에 찬 얼굴을 하고 덩실덩실 믿음으로 달려올 거야.

황태

비를 맞고
칼바람에 속까지 내어 주고
절망을 뒤집어쓰고
얼었다, 녹았다 반복하는 몸뚱어리,
노곤한 인생,
명태는 비로소 황태가 된다.

5

3·1절 100주년을 맞아

그날의 함성이 몰려옵니다
뜨겁던 붉은 유서가
조국 광복 하늘에 펄럭입니다
유산으로 남겨주신 조국 대한민국,
유산으로 남겨주신 우리의 광복,

죽어서 살아계신 증인이시여,
부활 광복의 뿌리시여,
살아있는 시퍼런 깃발이시여,
한 몸 둘 곳 없어도
두려움 없이 무참히 짓밟힌 산 죽음이시여,

칠흑 죽음에서 피흘림 싹 틔워
조국광복이라는 생명을 주셨습니다
조국 대한민국 나라를 주셨습니다
삼천리강산에 광명의 빛을 주셨습니다

자유와 평화는 머리 숙여
그 고결했던 하얀 사랑을,

세마포로 고이고이 싸매어 드립니다

남겨주신 조국 대한민국의 자주독립 위에
우리의 님이시여! 고이 잠드소서,
피 흘림 싹 틔워 광복을 주신
우리의 님이시여! 고이 잠드소서.

가벼움에 대하여

물결은 비가 오면
쿵짝짝 비와 함께 흐른다

바람이 불면 바람 따라
이리저리 흔들흔들 춤을 춘다

햇살이 눈부신 날
금빛 드레스, 은빛 드레스 찬란하다

물결의 가벼움,
배기고, 불편하고, 아프다

물결은 물중에 끄트머리
젖지 마라.

고독

눈 내린 창밖을 바라보는
빈 의자,
누구를 기다릴까,

가로등도 얼어붙어 불빛을 내지 못하는
깊은 산중
빈 의자는 누구를 기다릴까,

봄날 찬란했던 꽃을
여름날 광기 어렸던 햇볕을
가을날 꽃보다 아름답던 단풍잎을 기다릴까

주전자에서 물 끓는 소리가 나고
달그락 달그락 그릇 부딪치는 소리가 나고
커피향이 진하게 몰려오더니
뜨거운 김이 모락모락 피어오르는
커피잔을 들고 한 사람이 앉는다

빈 의자는 그를 기다렸다.

광복절
―― 암흑에서 빛으로

통째로 빼앗긴 36년,
어둠에서 빛으로
죽음에서 생명으로 탈출시킨
우리들의 어머니, 아버지, 누이시여,

스스로 독립의 제물이 되시고
펄떡펄떡 뛰는 죽음으로,
펄펄 끓는 용광로 같은 생명피로,
우리의 보물을 다시 찾아 안겨주셨습니다
우리는 지옥에서 탈출하여
빛의 나라를, 대한민국을 세웠습니다

불러도 불러도
다 부르지 못하는 푸른 이름이여,
불러도 불러도 부를수록 아픈
푸른 이름이여,
우리들의 영원한 빛의 뿌리시여!
잊지 않겠습니다,

대한민국!
어느 모서리 하나 상하지 않도록
하얀 구름에 싸서 평화의 강으로 흐르겠습니다

좌로나 우로나 흔들리지 않고
이 땅에 다시는 눈물이 없도록
등대 되어 인류를 밝히겠습니다
사랑으로 공존하며 환희에 찬
세상의 꽃밭, 그 중심이 되겠습니다.

그의 나라는

새벽의 겨울이다
거기서 멈춘 시곗바늘
태양이 빛을 쏘며 성큼성큼 걸어올
아침의 여름은 언제쯤일까,

싸늘하고 어슴푸레한
새벽의 겨울은 너무 길다
평행으로 멈춘 시소게임
이쪽도, 저쪽도 아니다

칠흑 밤의 허공도 건너왔으니
조금만 더,
조금만 더,
새벽은 오늘도 쉬지 않고 걸었다

달려가자,
해야, 해야,
그의 아침을 위해 달려가자
빛을 안고 그의 아침을 위해 달려가자.

나무의 그늘

그늘이 있다는 것은 아름답다
해맑은 얼굴을 보라
빛이 있다

나무가 그늘을 만드는 것은
주고도 또 줄 것이 없나
돌아보는 것이다

바람을 견딘
잎이 없으면 그늘도 없다
향기로운 제 몸을 내어준다는 것이다

제 온몸으로 만든
또 하나의 사랑.

돌의 이야기 · 1

겨울을 지나지 않고서야
꽃이 폈으랴

비바람을 통과하지 않고서야
열매가 맺혔으랴

네 안에
우주가 있다네

그래서 사람들이
보석처럼 너를 모셔간다,
넌 보석이라네.

돌의 이야기 · 2

폭풍의 긴 세월
모서리를 내어주어
둥글게 둥글게 깎였구나

너는 눈물꽃이다

네 안에는
파도에 씻긴 바다가 살았구나

네 안에는
비에 젖은 하늘이 살았구나

너는 우리들의 스승이다

너를 바라보며
우리도
세월에 모서리를 깎는 중이다.

신호등

쉬어가라는 신호
신호등에 걸렸다
그 신호를 지나쳐 간다는 것은
위험하다

짊어진 것 내려놓고
멈춰야 한다

습관이 되지 않은 것은
길들어진 삶,
길들어진 생활,

괜찮다,
다시 시작하는 거다
무너져라,
깨어져라.

이 봄엔

지난 겨울을 살다가
봄이 되어준 우리가
서로의 꽃이다
서로의 봄이다

올해도 예쁘게 폈구나
그 얼마나 향기롭느냐,

바람은 또 불겠지만
우리 거룩한 뿌리만은 흔들지 말자구나

우리 서로를 위해
꽃편지를 보내자

우리 서로를 위해
자주자주 돌아보자
시들지 않는 꽃으로 살자.

조금만 기다려 주어요

생각의 걸음이 늦어도
조금만 기다려 주어요

가끔, 꼭 해야 할 말을 잊어버려도
그래서 다 표현을 못할 때에도
조금만 기다려 주어요

몸이 파김치가 될 때에도
기다려주면 일어나 함께 갑니다

혼자 고요함에 있을 때에도
묻지 말고 재촉하지 말고
달려가자 하지 말고
조금만 기다려 주어요

기다림은
그대 안에 내가 살 수 있는 집입니다.

초심

조약돌 이전에
거칠고 투박한

향이 없으나
향기로운

빛이 없으나
빛나는

원석이 거기 있을 것이야

원석은
보석이다,

원석은
초심이다.

하루

이들이 걸어갈 때
각자 박자가 있다

한 음이라도 한눈을 팔면
음 이탈이 난다

하루의 역사가 세워진다는 것은
보이지 않는
수많은 음표의 조화이다

하루는
한 곡의 완성된 노래이다.

흐르지 않는 강물

침묵은 병이다

폭우가 쏟아지는 날
넘쳐라

바람이 부는 날
일렁이고 흔들어
쏟아내라

침묵은 병이다.

| 해설 |

순간의 기억과 근원에의 의지를 결속한
사랑의 마음

| 작품해설 |

순간의 기억과 근원에의 의지를 결속한 사랑의 마음
―정소현의 시세계

유성호
(문학평론가·한양대학교 국문과 교수)

1. 서정시의 가장 아름답고 근원적인 차원

두루 알려져 있듯이, 서정시는 '그때 거기'에 대한 선명한 회상과 '지금 여기'에 대한 서늘한 인식을 통합한 순간적 점화(點火)의 언어 예술적 기록이다. 이때 시인의 의식과 무의식에 숨겨져 있던 지극한 원체험은, 시인의 언어와 생각을 지속적으로 지펴가는 생성적 거소(居所)가 되어준다. 아닌 게 아니라 시인들은 자신의 각별한 원체험을 끊임없이 변형하면서 자기동일성을 구성해가는데, 이때 시인의 역동적 상상력이 활발한 매개자 역할을 하는 것은 퍽 자연스러운 일이다. 원체험의 끊임없는 변형 과정은 이처럼 서정시의 중요한 창작 원리가 되어준다. 그렇게 시인들에게 시간(성)은 구체적이고 경험적인 기억 속에 웅크리고 있는 천혜의 존재론적 토양이 된다. 혜양 정소현 시인의 시집 『사랑이 사는 집』은 이렇듯 아름다운 시간을 기억하고 기록해가는 실존적 고백록으로써, 원체험과 그것을 되살리는 구체적 기억 작용에 의해 그려

지는 비망록과도 같다. 가령 시인은 "시를 좋아하는 마음 단 한 번도 이사한 적이 없었고"(「시인의 말」)라고 말하였는데, 이러한 시인으로서의 존재방식은 그녀로 하여금 서정시의 가장 아름답고 근원적인 차원을 그리워하게끔 해준 것이다. 이제 천천히 그 기억의 세계 속으로 한 걸음씩 들어가 보도록 하자.

2. 그리움의 말을 건네는 사랑의 서사

정소현 시인의 작품에서 가장 먼저 눈에 띄는 음역(音域)은 단연 '사랑'의 시학으로 모아진다. 이는 젊은 날의 경험적 세목을 바탕으로 하면서, 그것을 고통과 방황과 그리움의 풍경으로 전이시킨 아름다운 화폭이라고 비유할 수 있을 것이다. 그래서 우리는 정소현 시인의 이번 시집을 두고 스스로의 존재를 확인하면서 동시에 가장 열망하는 타자를 향해 그리움의 말을 건네는 사랑의 서사를 농축하고 있다고 보아도 좋을 것이다. 시집 제목을 품고 있는 다음 시편은 이러한 사랑의 시학이 뚜렷이 담긴 실례일 것이다.

> 사랑은, 가장 낮은 곳에 산다
> 그 빛은
> 죽음에서 싹을 키우고 꽃을 피워내고
> 어둠을 허물어 짓고, 높이며, 세운다
>
> 돌처럼 굳어진 슬픔도
> 그의 부드러움 안에서 허물어지고
> 금이 간 아픔도

그의 기다림 안에서 새살이 돋고
긴 세월 언 고통의 줄기도
그의 따뜻함 안에서 끝이 난다

바람에 흔들리던 헛된 욕망도
그의 손에 이끌리어
결국엔 그가 있는 쪽으로 내려앉는다

굽혀서 낮아지는 사람에게만
살빛을 허락하는
지상에서 하나뿐인 열쇠이다.

—「사랑이 사는 집」 전문

  가장 낮은 곳에서 높은 곳을 바라보고 죽음에서 생명을 피우고 키워내는 것은 사랑의 에너지이다. 그렇게 사랑의 빛은 어둠을 허물고는 새로운 생명들을 짓고 높이고 세워간다. 이러한 신생의 과정을 통해 우리는 "돌처럼 굳어진 슬픔"도 사랑의 부드러움으로 허물어지고 "금이 간 아픔"도 사랑의 기다림으로 새로워진다는 것을 알게 된다. 오랫동안 얼어 있던 고통들도 사랑의 온기로 결국 녹는 게 아니겠는가. 그러한 사랑의 힘은 종국에는 "바람에 흔들리던 헛된 욕망"으로 하여금 사랑의 헌신과 긍정의 쪽으로 오게끔 하기도 한다. "굽혀서 낮아지는 사람"만이 그 사랑의 주인이 되며, '사랑이 사는 집'으로 들어갈 수 있는 "지상에서 하나뿐인 열쇠"를 허락하는 것이다. 이처럼 사랑은 일종의 절대가치로서

'시인 정소현'의 존재론적 원적(原籍)이며 모든 행위를 가능하게 해주는 힘의 원천이 되어준다. "사랑으로 근본"(「세상에는」)을 삼은 시인의 따뜻한 마음과 그 "따뜻한 손이 시린 손을 잡아주는"(「온도」) 정성의 순간이야말로 시인의 삶을 요약하는 장면이 아닐 수 없을 것이다. 다음은 어떠한가.

> 후드득 후드득 누군가의 발자국 소리
> 비는
> 마른 나뭇가지에게로 달려갔다
> 포옹과 입맞춤으로
> 사랑을 주었다
> 마른 가지가 눈을 떴다
> 싹이 돋았다
> 싹은 꽃을 만들어 갔다
> 꽃봉오리가 열리던 날
> 비의 씨앗이 살고 있었음을 보았다
>
> 귀중한 것은 눈에 보이지 않는다
> 사랑은,
> 보이지 않는 것을 보는 것이다.
> ―「빗방울과 마른 가지」 전문
>
> 그늘이 있다는 것은 아름답다
> 해맑은 얼굴을 보라

빛이 있다

나무가 그늘을 만드는 것은
주고도 또 줄 것이 없나
돌아보는 것이다

바람을 견딘
잎이 없으면 그늘도 없다
향기로운 제 몸을 내어준다는 것이다

제 온몸으로 만든
또 하나의 사랑.

―「나무의 그늘」 전문

　"누군가의 발자국 소리"처럼 들려오는 빗방울은 마른 나뭇가지에게로 달려가 포옹과 입맞춤의 사랑을 나눈다. 이 부드럽고 지극한 접촉의 행위가 마른 가지로 하여금 눈을 뜨고 싹이 돋게끔 해준 것이다. 싹은 꽃을 만들고 꽃봉오리 속에서 시인은 "비의 씨앗"을 발견한다. 귀하고 아름다운 것은 눈에는 보이지 않는다는 사실을 '사랑'은 이렇게 말해준다. 결국 사랑은 "보이지 않는 것을 보는 것"이니까 말이다. 다른 곳에서도 시인은 "보이지 않는/수많은 음표의 조화"(「하루」)를 노래하고 있지 않은가. 이러한 '빗방울'과 '마른 가지'의 관계는 '빛'과 '그늘'의 관계로 어느새 옮겨간다. 빛을 온몸으로 쐬고 있는 나무가 만들어내는 아름다운

'그늘'은 그 자체로 해맑은 빛의 얼굴을 하고 있다. 이는 "빛이 놓고 간/ 영혼의 선물을 헤아리며 창문을"(「몸살」) 여는 것과도 같을 것이다. 시인은 그렇게 나무가 그늘을 만드는 것이야말로 주고도 또 줄 것이 없나 돌아보는 '사랑'의 힘 때문이라고 노래한다. 나무의 그늘은 사랑이 "향기로운 제 몸을 내어준다는 것"이며 시인 역시 "제 온몸으로 만든/ 또 하나의 사랑"을 그늘처럼 세상에 내놓는 존재임을 비유적으로 노래하고 있는 것이다.

최근 우리가 경험하고 있듯이 일부의 서정시는 더 이상 동일성의 세계관을 지키려 하지 않는다. 오히려 동일성이라는 자명한 담론을 일정하게 거부하면서 세계와의 불화를 자청하고 또 발화하는 데 주력하는 편이다. 하지만 여전히 서정시는 잃어버린 시간에 대한 상상적 추구를 통해 고전적인 회복의 의지를 양도하지 않으려는 구심력을 지니고 있기도 하다. 정소현 시인은 잃어버린 시간의 상상적 현재화를 성취하고 신생의 원리로서의 사랑의 가치를 일관되게 표현함으로써 이러한 서정시의 원리를 지키려고 한다. 그렇게 그녀는 서정시가 심미적 이성으로는 포착하기 어려운 사랑의 순간적 섬광(閃光)을 표현하는 장르임을 믿는 시인이다. 그 가운데 순간의 원리에 의해 구성되는 그녀의 서정시는 더욱 그러한 사랑의 속성을 핵심 원리로 가지고 있다. 그녀가 들려주는 이러한 목소리는 서정시가 구현하고자 하는 가장 결정적인 순간의 발화이자, 그리움의 말을 건네는 사랑의 서사를 섬세하게 구성하려는 자기 고백의 음성이기도 할 것이다. 아름답고 온화하고 융융하기만 하다.

3. 존재론적 기원에 대한 기억과 경모(敬慕)의 순간

원래 서정시는 시간적 흐름에 따른 인과적 구성을 중시하지 않고, 사물의 존재방식이나 의미를 순간적으로 표현하는 것에 많은 공을 들이게 마련이다. 물론 이때의 '순간'이 일회성의 짧은 시간을 사전적으로 뜻하는 것은 아닐 터이다. 오히려 그것은 이른바 '충만한 현재형'으로써의 순간을 말하는 것으로서, 과거와 현재와 미래를 순간적으로 통합한 현재형으로서의 시간 형식을 뜻한다. 그래서 '시적 순간'이란 그야말로 존재의 오랜 시간이 반복 축적된 독자적 형식이 되는 것이다. 정소현 시인은 바로 이러한 순간의 형식을 통해 충만한 현재형으로서의 서정시를 써가고 있는데, 이처럼 원체험과 현재형을 매개하는 것은 다름아닌 그녀의 깊은 기억이다. 이때의 기억이란, 일상을 규율하는 합리적 작용이 아니라 삶의 현재형 속에 있는 시간의 흔적을 회상하고 재현하고 그때의 순간을 구성해내는 상상적 힘을 함의한다. 우리가 '기억'이야말로 서정시의 핵심 원리라고 하는 슈타이거(E. Staiger)의 정언을 새삼 긍정하지 않을 수 없는 까닭도 바로 이러한 기억의 속성 때문일 것이다.

> 겨울강 같았던
> 어머니의 일생을 기억합니다
> 봄이 오면 당신과의 추억이 봄꽃을 피웁니다
> 내 마음 하얀 보자기에 묶어두었던 기억이
> 서럽도록 눈부신 봄꽃을 피웁니다
> 그럴 때면 어머니의 젖내음 자장가도 들리고

길이를 잴 수 없는 사랑이 봄꽃을 피웁니다
아, 당신은 이렇게 향기로우셨습니다
세상의 봄꽃 향기가 당신이셨습니다
이 고운 세상, 이 아름다운 꽃길을
당신과 꼭 한번 걷고 싶었습니다
숨겨둔 그리움으로
나직히 어머니! 하고 불러봅니다
당신을 불러봅니다
끝없이 불러보는데 메아리 되어 돌아옵니다
아직도 아름다운 것에는 서러움도 있어
나는 어찌할 수 없어 어깨를 들썩이며
눈물꽃을 피웁니다
시들지 않는 사랑, 어머니.

―「어머니」전문

　정소현 시인의 존재론적 기원(origin)에는 '어머니'에 대한 강렬한 기억이 깃들이고 있다. 어머니의 일생은 '겨울강' 같으신 기억을 시인에게 남기셨다. "당신과의 추억"이 새로워지는 봄날이면 "내 마음 하얀 보자기에 묶어두었던 기억"은 새록새록 "서럽도록 눈부신 봄꽃"을 피워낸다. 그때마다 어머니의 섬세한 흔적들이 살아오고 "길이를 잴 수 없는 사랑"이 봄꽃으로 다가오는데, 어머니의 향기와 소리도 함께 살아난다. 고운 세상의 아름다운 꽃길을 꼭 한 번 함께 걷고 싶은 어머니를 시인은 "숨겨둔 그리움"으로 나직하게 불러본다. 그렇게 아름다움은 서러움과 한 몸이 되어

"눈물꽃"을 피울지라도, "시들지 않는 사랑"의 힘으로 어머니는 선연하게 살아계시다. 부재함으로써 비로소 현존하는 그리움의 마음을 시인은 기억의 원리로 구현하고 있는 것이다. 이제 어머니는 정소현 시인에게 "지울 수 없는 그리움"(「달맞이꽃에게·1」)과 함께 "영원하지 않았기 때문에/ 얼마나 더 아름답느냐"(「사랑은」)는 사랑의 지극한 원질(原質)을 알려주시며 "시들지 않는 꽃으로"(「이 봄엔」) 살아계신 것이다.

    우리는 각자
    마음의 다리를 놓고 산다
    이곳에서 그가 있는 그곳까지
    마음의 다리를 놓고 산다

    그가 저쪽 끝에서
    번쩍 빛을 보여준 것은
    나의 다리로 건너오겠다는 신호이다

    사랑아, 무더기로 핀 들꽃이 되자
    배려야, 쉽게 피고 또 피는 나뭇잎이 되자
    이해가 향기롭듯이 그렇게 우리 꽃길을 넓히자

    그러면 저쪽 끝의 그대가
    넘어지지 않고, 다치지 않고, 아프지 않고
    어깨 한 번 으쓱 올리고 기쁨으로 걸어올 거야,

그러면 저쪽 끝의 그대가
행복에 찬 얼굴을 하고 덩실덩실 믿음으로 달려올 거야.
　　　　　　　―「함께 사는 세상」 전문

　어머니에 대한 간절한 기억을 넘어 정소현 시인의 시선과 의지는 이제 공동체적 권역에서의 '함께함'이라는 명제에 가닿는다. 각자 마음의 다리를 놓고 사는 우리가 사랑과 배려와 이해로써 서로 빛의 신호를 주고받자는 권면이 그 안에는 담겨 있다. 그럴 때 우리는 비로소 "무더기로 핀 들꽃"이 되고 "쉽게 피고 또 피는 나뭇잎"이 되고 나아가 꽃길을 넓혀가게 된다. "저쪽 끝의 그대"로 하여금 기쁨으로 건너오게끔 하는 이러한 공동의 기억이야말로 타자를 넘어지거나 다치거나 아프지 않고 다가오게끔 하는 본질적 힘이 아닐 것인가. 그렇게 '함께 사는 세상'에서 정소현 시인은 "저쪽 끝의 그대"가 행복과 믿음으로 달려오는 순간을 열망함으로써, 우리가 가진 소중하게 공유된 기억들이 "세월의 푸른 상처"(「백년초」)를 넘어 "이제 비로소/ 누구 한 사람을 사랑할 수"(「빗소리의 설교」) 있는 길을 알려줄 것이라고 믿는다. 그때 우리의 기억은 "먼저 가 길이 되어준 소나무"(「소나무와 일출」)처럼 "우리를 부르는 노래/ 저 황홀함"(「벚꽃 편지」)을 전해주게 될 것이다. 그 황홀함이 어쩌면 '시인 정소현'의 존재론적 기원이자 궁극이 아닐까 한다.
　잘 알다시피, 우리가 경험하는 시간은 일종의 흐름으로 인지된다. 우리는 시간을 물질성 자체가 아니라 '흐름'이라는 은유를 통해 감각하고 알 수 있을 뿐이다. 그래서 시간은 저마다의 경험 속에서 새롭게 구성될 수밖에 없으며, 우리는 서로 다른 시간 경험에 따라 고유한 기억들을 가지게 된다. 정소현 시인은 지나온 시간에 관한 기억을 바탕으로 고통과 방황과 상처와 그리움의 시간을 재구성함으로써, 고유한 자기 확인의 서사를 펼쳐내고 있다. 그녀는 이러한 과정을 통해 스스로의 존재 확인을 가능케 하는 풍경들을 발견하고 표현하면서, 그 풍경들을 기억의 원점이자 시쓰기의 회귀적 진원지로 삼아가고 있다. 이때야말로 가장 아름답고 애틋한 숨결로 살아 있는 존재론적 기원에 대한 기억과 경모(敬慕)의 순간이 아닐 수 없을 것이다.

4. 근원 지향의 속성을 통한 궁극적 긍정 의지

그런가 하면 정소현의 시는 신성(神聖) 혹은 어떤 근원에 대한 궁극적 긍정에서 발원하는 세계로 다가온다. 그녀의 시는 속 깊은 마음을 통해 전해지는 회감(回感)의 세계로써, 서정시가 가질 수 있는 근원 지향의 속성을 오롯하게 충족해간다. 그녀는 충일하게 젖은 시선으로 세상을 응시하고 거기에 자신을 던지는 헌신의 마음을 가진 시인이자, 치유와 위안을 중시하는 고전주의적 질서의 시인이기도 하다. 그 힘들을 합쳐 그녀는 뭇 타자들에 대해 한없이 글썽이는 언어를 주면서 자신을 향해서는 견결한 성찰의 언어를 주는 견인주의자로 살아가고 있다. 이러한 복합적 존재론이 그녀의 시편으로 하여금 우리 시대를 끌어가는 견인의 힘으로 나아가게끔 하고, 더러는 우리로 하여금 속된 현실을 벗어나 더욱 심미적인 원심력을 가지게끔 해주는 향원익청(香遠益淸)의 세계로

번져오는 것이 아닌가 한다. 가령 다음 시편을 읽어보자.

> 입으로 다 할 수 없는 말,
> 꽃이 태양이 두려워 숨을 죽이다가
> 꽃이 고개를 숙이지 못하다가
> 가는 목줄기 선 채로 꽃잎 뚝뚝 떨어졌다
> 벌레가 그 가는 목줄기를 파고들었다
> 조금씩 표도 없이 갉아먹어 갔다
> 하늘 향한 꽃이 더 이상은 버티기가
> 태산 같아 낭떠러지로 추락했다
> 어둠은 꽃을 불렀고,
> 마지막으로 끌려 도착한 그곳,
> 지나가는 꽃들이 돌을 던지는 대신
> 저마다의 향기를 꺼내어
> 저기 높은 곳까지 다리를 놓았다
> 그 다리 위로 건너오는
> 사랑 하나,
> 세상에 단 하나뿐인 사랑이 내려와
> 어둠 속에서 꽃을 건져 올린다.
> ─「꽃이 떨어지다」 전문

비록 꽃이 떨어지는 낙화의 순간은 생명의 소멸 과정을 환기하지만, 시인이 지닌 근원 지향의 마음은 그 순간에서 새로운 생명의 순간을 바라보게 한다. 그것은 그래서 "입으로 다 할 수 없는 말"이다. 꽃은 태양이 두려워 숨죽이다가 목줄기 선 채로 잎을 떨어뜨리는데, 그때 어둠은 꽃을 부르고, 꽃은 마침내 어딘가에 이르러 "저마다의 향기를 꺼내어/ 저기 높은 곳까지 다리를" 놓는다. 이 마음의 다리를 통해 우리는 "건너오는/ 사랑 하나"를 만나고, "세상에 단 하나뿐인 사랑"이 내려와서 어둠 속에서 꽃을 건져 올리는 기적의 순간을 바라보게 된다. 그러니 낙화는 그 자체로 소멸이나 어둠이 아니라 신생이자 빛의 역설적 계기가 되는 것이 아닌가. 그야말로 "떨어진다는 것은/ 낙엽이 된다는 것은/ 또 하나의 사랑"(「낙엽」)이지 않은가. 이처럼 시인은 "눈물처럼 빛나는 내 존재의 흔적들"(「생일을 맞이하여」)을 소멸의 징후에서 발견하고, 종내에는 "세상을 담을 그릇은 마음"(「그릇」)임을 환하게 보여주는 것이다.

정소현의 시는 자신을 탐색하고 성찰하는 이른바 자기 확인의 속성으로 충일하다. 일찍이 서정시의 자기 탐구적 성격은 고유하고 각별하게 승인되어온 것이지만, 정소현의 시에서 그것은 소멸해가는 사물로 시선을 확장했다가 다시 자신으로 순연하게 돌아오는 회귀적 속성을 일관되게 견지한다. 이처럼 그녀의 시는 진정성 있는 자기 확인과 함께 삶의 원리에 대한 근원적 사유와 감각을 아름답게 보여준다. 그래서 우리는 그녀의 시를 통해 삶의 편재적(遍在的) 그리움과 넉넉한 긍정의 순간에 다다르게 되는 것이다.

    꽃은
    헤아릴 수 없는

세상을 용서하고

꽃잎으로 선한 역사를
이 끝에서
저 끝까지
헤아릴 수 없도록 쓰지 않았을까,

이 비 그치면
모두가 봄꽃 세상

너와 나, 우리 모두
그저 꽃 세상이 되겠지.
　　　　　　　　　　　—「빗소리로 짐작하다」 전문

조약돌 이전에
거칠고 투박한

향이 없으나
향기로운

빛이 없으나
빛나는

원석이 거기 있을 것이야

원석은
보석이다,

원석은
초심이다.

— 「초심」 전문

그러고 보니 정소현은 '꽃의 시인'이다. 그녀의 시 무수한 곳에서 꽃이 피고 꽃이 지고 또 꽃들의 사랑법이 소개된다. 위의 시편에서도 시인은 꽃이 세상을 헤아릴 수 없이 용서하고 헤아릴 수 없이 역사를 쓰지 않았을까 생각해본다. 빗소리를 통해 비가 그치면 모두가 봄꽃 세상이 되어 우리 모두 "그저 꽃 세상"이 될 것이라는 순연한 믿음도 '꽃'이라는 심상을 구축해가는 시인의 일관된 미학적 의지가 반영된 것일 터이다. 그야말로 모두 "네가 선 자리가 꽃자리"(「고통의 다리를 건너」)인 셈이다. 또한 '초심(初心)'을 노래한 뒤의 시편에서는 '조약돌'이라는 파생적 존재 이전에 있었던 '원석(原石)'이 비록 거칠고 투박하고 향이 없고 향기로운 빛도 없었을지라도 더욱 빛나는 존재자임을 노래한다. 이때 역설적 빛을 발하는 '원석'은 보석과도 같은 '초심'의 은유가 아니겠는가. 이러한 초심을 통해 우리는 "하늘의 언어로 내 심장에 쏘아"(「널 만나면」)주는 신성도 만나게 되고, "다시, 돌아가 새 농토를 일구어야"(「잿빛 세상」) 한다는 다짐도 새롭게 하게 된다. "굽을 줄 아는 사랑"(「해송」)도 배워가고 "네게 간다는 것은 강을 건너는 것"(「종이배」)임을 설렘과 환희 속에서 고통과 침잠 속에서 깨달아 갈 것이다. 이처럼 정소현의 시는 오랜 시간의 회상을 통해 다다르는 근원 지향의 모습을 선연하게 보여주는데, 특별히 자신을 오래도록 규정해왔던 근원적 조건들을 통해 존재론적 시쓰기 과정을 여실하게 보여준다. 이러한 속성은 낭만적 표현과 회귀 의식을 동시에 성취해가면서 그녀의 시로 하여금 구체적 시공간을 삶의 은유로 바꾸어가는 반듯하고 정통적인 서정시의 모습을 갖추게끔 해준다. 아닌 게 아니라 그녀의 이번 시집은 삶의 자각 과정을 온축하면서 아름다운 존재론을 완성해가는 특성을 시종여일하게 내보인다. 그 안에 근원 지향의 속성을 통한 궁극적 긍정 의지가 출렁이고 있는 것이다.

5. 원체험과 현재형을 매개하는 심미적 기억

우리가 천천히 읽어왔듯이, 정소현 시인은 자신의 시를 감싸고 있는 오랜 기억을 통해, 귀를 세우고 어떤 심미적 순간들이 내지르는 소리를 소중하게 담아둔다. 순간의 작은 움직임에도 귀 기울이면서 그 무늬들을 하나 하나 어루만진다. 그것을 지속적으로 수행하는 시인의 품은 그래서 한결 넓고 깊다. 작은 소리를 탐침(探針)하고 기억함으로써 정소현 시인은 그 안에서 무심히 흘려보냈던 타자의 목소리를 세심하게 듣는다. 그래서 그녀는 시 안에서 웅얼거리는 타자의 목소리를 안아들이면서 새로운 사랑의 기억을 만들어간다. 이는 참으로 아름다운 세계로서 원체험과 현재형을 매개하는 심미적 기억의 살뜰한 성취라 할 것이다.

우리는 삶의 과정에서 선명한 존재 확인의 순간을 만나게 된다.

그것을 우리는 운명 혹은 섭리라고 부르기도 한다. 그 순간에 사람들은 삶의 숨겨진 뜻을 알게 되고 자연스럽게 어떤 정신적 고양을 경험하게 된다. 때로 그것은 존재 갱신의 활력으로 작용하기도 하고 아득한 존재론적 추락의 계기가 되기도 한다. 시인들은 이러한 과정을 시쓰기를 통해 만나게 되는데 정소현 시인에게 시쓰기는 자신이 완성하려 했던 그 '사랑법'의 가장 구체적인 방법론이 되어주고 있다. 이러한 사랑법은 신(神)의 은총과 만나는 상상력으로 확장되기도 하면서 정소현 시학의 중요한 바탕이 되어준다. 거기서 시인은 구원의 순간을 만나고 있는데, "꿈은 죽지 않으리라"(「종이비행기」)라든지 "함께하면 풍경이 된다."(「풍경」) 같은 기도가 그녀의 그러한 마음을 환하게 증언하고 있다 할 것이다. 구원을 향한 "기다림은/ 그대 안에 내가 살 수 있는 집"(「조금만 기다려주어요」)이었던 셈이었던 것이다.

결국 정소현 시인은 어떤 빛나는 기억의 순간을 적극적으로 호명하면서 그것으로 하여금 우리와 함께 살아가야 할 새로운 원리가 되게끔 세심하게 배열하고 은유해간다. 인간 이성이 고양되고 과학기술이 발달하면서 그것들이 인간을 지배할 것이라고 생각했던 미망을 넘어, 시인은 그러한 오도된 욕망들을 하나씩 허물어나간다. 그래서 정소현의 시는 근원적 사유를 깊이 성취해가면서, 보다 나은 공존의 원리를 모색하는 상상적 기록으로 나아간다. 그리고 우리도 그녀의 시를 읽으면서 우리가 경험해온 사랑의 순간들에 대해 사유하게 되고 궁극적 자기 긍정을 향한 타자 이해에 다가갈 수 있게 된다. 이렇게 아름다운 개성을 완성한 정소현 시집의 기저에 비록 지난 시간을 향한 애타는 그리움이 가로놓여 있다 하더라도 그 안에는 퇴영적 위안을 넘어서는 역동적 사랑의 에너지가 내장되어 있기 때문에, 우리는 그것이 새로운 도약을 암시하고 있다고 받아들이게 된다.

　우리 시대의 시적 과제는 속도전과 소모적 열정에서 생성적 사유와 감각을 회복하는 일로 현저하게 옮겨가고 있다. 지속적 자기 탐구와 타자에 대한 관심을 결속하는 일은 이러한 사유와 감각의 회복에 둘도 없는 대안적 실천이 될 것이다. 정소현 시인의 이번 시집은 이러한 과제를 특유의 균형 감각 속에서 완성해간 실례일 것이다. 그 안에는 순간의 기억과 근원에의 의지를 결속한 사랑의 마음이 농울치고 있다. 시인은 특유의 예술적 자의식과 함께 주변적 존재자들에 대한 연민과 사랑 그리고 동시대의 타자들에 대한 진중한 관찰과 묘사를 통해 이러한 세계를 성취한 것이다. 그래서 우리는 존재자들을 향한 정소현 시인의 따뜻한 시선과 강렬한 예술적 자의식이, 자기 위안의 언어가 범람하는 우리 시대의 역설적 경종이 되기를, 온 마음으로 소망해보는 것이다.

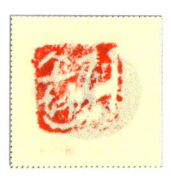

정소현 시집_ 사랑이 사는 집

초판 인쇄 | 2020년 2월 5일
초판 발행 | 2020년 2월 10일

지 은 이 | 정소현
발 행 인 | 이광복
편집국장 | 김밝은

펴낸곳 | (사)한국문인협회 月刊文學 출판부
주소 | 서울시 양천구 목동서로 225 대한민국예술인센터 1017호
전화 | 02-744-8046~7
팩스 | 02-743-5174
이메일 | klwa95@hanmail.net
등록 | 2011년 3월 11일 제2011-000081호
ISBN 978-89-6138-424-7 03810

값 10,000원

잘못 만들어진 책은 바꾸어 드립니다.